Ana Marí

EL FÚTBOL
PASADO Y PRESENTE

Dirección Editorial: Raquel López Varela
Coordinación Editorial: Ana María García Alonso
Maquetación: Cristina A. Rejas Manzanera
Diseño de cubierta: Francisco A. Morais
Texto: Ana Marí
Fotografías Archivo Digital Everest: pp. 4, 5, 6, 7, 12, 20, 21 y 22.
Fotografías Marcamedia: pp. 11 inf., 13, 14, 15, 25, 26 sup., 27 inf., 28, 29, 30, 32, 33, 34, 35, 40 y 41.
Fotografías Luis Miguel González López: pp. 10, 11 sup. y 31.
Ilustraciones Studi Ferrer: pp. 12, 13, 14, 15, 16, 17, 18, 19, 21, 28, 29, 30, 42, 43, 44 y 45.
Ilustraciones Maraz: pp. 10, 11 sup., 23 sup., 24 y 26 inf. y 31.

© EDITORIAL EVEREST, S. A.
Carretera León-La Coruña, km 5 - LEÓN
ISBN: 978-84-241-8001-0
Depósito legal: LE. 530-2008
Printed in Spain - Impreso en España
EDITORIAL EVERGRÁFICAS, S. L.
Carretera León-La Coruña, km 5
LEÓN (España)
Atención al cliente: **902 123 400**
www.everest.es

Nuestra más sincera gratitud a los hermanos Montiel (Rosario y Vicente), secretaria general y apoderado del Consejo de Administración de SEMANA S. L., respectivamente, sin cuya ayuda en la aportación gráfica este libro hubiese tenido una difícil realización.

ÍNDICE

"El **fútbol** no es una cuestión de vida o muerte, es mucho más que eso".
Bill Shankly (futbolista inglés)

El fútbol es uno de los deportes más populares del mundo. Algunas de las razones de su éxito son la sencillez de su reglamento y la posibilidad de jugarse prácticamente en cualquier terreno. Bastan unos bidones marcando las porterías y unas rayas designando el área de penalti para que, en cualquier playa, solar o descampado del mundo, veintidós entusiastas aficionados disputen un partido que puede tener toda la emoción de una final de Copa.

Como verás en el apartado sobre la historia del fútbol, desde hace cientos de años el hombre ha corrido tras una pelota dándole patadas. Los japoneses jugaban cortésmente y los romanos de forma violenta; hoy se intenta que predomine la deportividad y el "juego limpio" en este deporte-espectáculo.

El fútbol es un deporte organizado, la prensa deportiva está llena de siglas que nos son familiares: FIFA, UEFA. Más adelante tienes una explicación de las más relevantes.

Las retransmisiones futbolísticas son consideradas acontecimientos de gran interés, y mueven millones de euros en derechos de imagen de los equipos y sus estrellas. Los mejores goleadores y jugadores se convierten, gracias a la televisión, en ídolos de niños y mayores, y hasta en estrellas de la publicidad.

A pesar de la progresiva "profesionalización" del fútbol, su origen y su verdadero aliento está en los millones de desconocidos que cada día disfrutan jugando **partidos entre amigos**. En los últimos años, las mujeres han ido conquistando también este deporte de tradición masculina, y hoy en día se celebran importantes torneos de fútbol femenino.

El niño que está haciendo correr una pelota en un barrio de Santiago de Chile, Río de Janeiro o Liverpool lleva probablemente el germen de algún gran jugador.

El fútbol es un **deporte democrático**, capaz de esparcir el triunfo por todos los países y todas las ciudades. Esa es la razón de su éxito y de la popularidad creciente que disfruta en todo el mundo.

Aparece en Bélgica el primer número de La revista de Tintín, personaje creado por Hergé, con el subtítulo de "revista para jóvenes entre 7 y 77 años".

1857 Se funda el Sheffield Football Club, el club más antiguo del mundo.

1862 Celebración de la primera Liga de la historia: Notts County.

1866 Se establece la regla del fuera de juego.

1871 Se decide la altura de las porterías: 2,44 metros.

1872 Primer partido internacional en Glasgow entre las selecciones de Escocia e Inglaterra (0-0).

1880 Nace el primer equipo español, el Recreativo de Huelva.

1885 Comienza en Inglaterra la primera Liga profesional.

1891 Se introduce la pena máxima: el penalti.

1899 Se funda el F. C. Barcelona.

1900 Por primera vez el fútbol es deporte olímpico.

1902 Nace el Real Madrid.

1902 Primer partido entre dos selecciones nacionales no británicas: Austria - Hungría (5-0).

1903 Se funda el Atlético de Madrid.

1904 Creación de la FIFA.

1913 Nace la Federación Española de Fútbol.

1920 Primer partido internacional de la selección española. Se disputa en Bruselas contra Dinamarca (1-0).

1929 Primera Liga Española en la que intervienen diez equipos. La gana el F. C. Barcelona.

1930 Primera Copa del Mundo. Uruguay, el país anfitrión, gana este Mundial.

1946 Nacen las quinielas.

1950 España queda en cuarto lugar en el Mundial de Brasil, que gana Uruguay.

1955 Nacen la Copa de Europa y la Copa de Ferias.

1960 Primer campeonato europeo de selecciones. La Unión Soviética gana a Yugoslavia.

1960 Se crea la Recopa, que reúne a los campeones nacionales de Copa.

1964 España gana la Eurocopa, es su primer título internacional.

1970 Brasil gana una nueva Copa del Mundo en Méjico.

1973 En España se permite la libre circulación de extranjeros.

1980 El Valencia gana la Recopa de Europa.

1980-81 Conmoción en la Liga española por el secuestro de Quini.

1982 España acoge por primera vez el Mundial, que vence Italia.

1982 Se crea el Campeonato de Europa femenino.

1984 España pierde la final de la Eurocopa frente a Francia (2-0).

1991-92 La Copa de Europa pasa a llamarse Liga de Campeones y cambia su sistema a disputa de liguilla.

1994-95 El Zaragoza gana la Recopa de Europa.

1996 El F. C. Barcelona ficha al delantero brasileño Ronaldo por 15 millones de euros.

1998 La selección francesa gana el Mundial que organiza.

1999 EE. UU. gana el Campeonato Mundial de Fútbol Femenino.

2000 El Deportivo de la Coruña es campeón de Liga. El Espanyol se proclama campeón de Copa del Rey. El Real Madrid consigue su octava Copa de Europa frente al Valencia. Francia gana la Eurocopa.

2002 Corea y Japón organizan conjuntamente la primera Copa Mundial fuera de Europa y América. Brasil es el campeón.

2003-04 el Valencia C. F. gana la Liga.

2004-05 y 2005-06 F. C. Barcelona gana dos Ligas consecutivas.

2004 La FIFA celebra el centenario de su fundación.

2006 Italia gana el Mundial con sede en Alemania.

2006-07 Gana la Liga el Real Madrid.

Se funda Greenpeace España, esta ONG ecologista fue creada en 1971 por un grupo de activistas antinucleares canadienses y objetores de conciencia estadounidenses que se habían refugiado en Canadá para no participar en la guerra de Vietnam.

No se producen los catastróficos fallos del Y2K (Efecto 2000) que se habían predicho en los ordenadores de todo el mundo para el día 1 de enero, gracias al esfuerzo de coordinación internacional que durante varios años se encargó de reemplazar la caducada infraestructura informática.

HISTORIA DEL FÚTBOL

Los antecedentes del fútbol tal y como hoy lo conocemos se sitúan en las escuelas y universidades inglesas cuando, a mediados del siglo XIX, establecieron un reglamento para unificar los diversos juegos con pelota que se practicaban. Quedó bien diferenciado el fútbol del rugby, juego en el que se podían utilizar las manos. Pero hace siglos que los hombres llevan dándole patadas a un balón.

¿CUÁLES SON SUS ORÍGENES?

En **China**, alrededor del año 200 a.C., se practicaba un juego con una bola de cuero que tenía que pasar por encima de una cuerda tendida entre dos postes. Se llamaba *tsu chu*, que significa "dar patadas a una bola hecha de cuero".

También los **japoneses** jugaban a arrebatarse un balón, pero siempre con cortesía. El terreno era cuadrado y cada ángulo estaba señalado por un árbol: un pino, un arce, un cerezo y un sauce.

En la **antigua Grecia** se practicaba el *espikiros*, una especie de entrenamiento militar en el que los jugadores se disputaban una pelota. Se han encontrado representaciones de este deporte en vasos y estatuas de la época.

En **Roma** se jugaba al *haspartum* que era un juego duro y violento, no tenía ningún tipo de reglas. Los romanos lo extendieron por toda Europa con sus conquistas. Incluso cuando desapareció el Imperio Romano, se siguió practicando en **Bretaña, Normandía y Picardía** con el nombre de *soule*.

En **Inglaterra**, ya en la Edad Media, hay referencias de algunos juegos parecidos al fútbol de hoy. Tomaban parte una gran cantidad de jugadores, grupos de villas y ciudades rivales. Se llamaba *fútbol de carnaval* porque estaban asociados a esta época del año y se jugaba de forma violenta y peligrosa.

En **Italia**, durante el siglo XV, se jugaba con una pelota hinchada de aire. Era el llamado *giuoco del calcio*, que significa "juego de la patada". Los 27 jugadores de cada equipo empleaban pies y puños para batir una portería que ocupaba todo el campo y estaba defendida por cinco porteros.

LOS INGLESES Y EL FÚTBOL

En los primeros años del siglo XIX el fútbol entró en los colegios y universidades inglesas. En 1846 se realizó el primer intento serio de establecer un reglamento pero fue más adelante cuando se precisaron las primeras reglas. Los promotores de esta idea fue-

En la escuela de la localidad de Rugby primaba el juego con las manos, en Harrow solamente con los pies. En esta reunión se escindieron las dos tendencias; los partidarios del juego con los pies fundaron la Football Association. Es entonces cuando nació el fútbol tal y como hoy lo conocemos.

ron H. de Winton y J. C. Thring, de la Universidad de Cambridge. El 26 de octubre de 1863, en una taberna del centro de Londres, se reunieron los representantes de las escuelas y universidades más importantes para establecer una única normativa.

Ya con el reglamento fijado, comenzaron los encuentros entre equipos de las Islas Británicas. El primero fue en Londres entre Inglaterra y Escocia el 5 de marzo de 1870, empataron a uno. Tres años después comenzó la competición oficial más antigua que existe, un campeonato entre clubes: La Copa de Inglaterra. En 1888 nació el campeonato de Liga, cuya organización hoy está aún en vigor.

TODO EL MUNDO JUEGA AL FÚTBOL

Pronto el fútbol comenzó a extender su popularidad fuera de Inglaterra. A esto contribuyeron los británicos que salían de su país: soldados, marineros, funcionarios de las colonias, hombres de negocios, ingenieros, estudiantes y profesores.

A principios del siglo XX el juego estaba extendido por toda Europa y otras partes del mundo y la mayoría de los países había formado su asociación de fútbol (Suiza, Dinamarca, Austria, Italia, Hungría, Alemania, Holanda y Rusia). En España el fútbol lo introdujeron los trabajadores británicos de las minas de Río Tinto en Huelva. El primer club oficial fue el Real Club Recreativo de Huelva (1898). Del mismo año es el Atlétic Club de Bilbao y del siguiente el F. C. Barcelona. En Madrid se jugaba a orillas del Manzanares.

El primer club de la capital fue el Madrid Football Sky que en 1902 pasaría a ser el Real Madrid.

En Sudamérica, los marineros británicos jugaban al fútbol en las playas de Brasil. En Argentina, el juego fue introducido por los residentes ingleses en Buenos Aires, aunque fueron los emigrantes italianos quienes lo hicieron popular. Chile formó su federación en 1895 y Uruguay en 1900.

PROFESIONAL Y ORGANIZADO

Rapidamente, el fútbol pasó a hacerse muy popular entre distintas clases sociales. Los clubes comenzaron a asemejarse a empresas y a fomentar su parte de espectáculo. Ya se pagaba la entrada al campo. La prensa se acercó al momento de los hechos deportivos con la instalación de teléfonos y cabinas de prensa acondicionadas. La larga disputa sobre si los jugadores debían o no ser profesionales y ser pagados con dinero como compensación por los salarios perdidos al tomar parte en un partido se zanjó en 1885 cuando se legalizó, por fin, el profesionalismo.

Los estadios se ampliaban y los nuevos se construían cada vez más grandes.

Cuatro años después se incluyó el fútbol como deporte olímpico. A partir de los años 20, los nombres importantes del fútbol empezaron a cambiar de procedencia, las clases más populares aportaban grandes jugadores y el desarrollo del fútbol se acercó a nuevas capas de la población. Con el éxito casi asegurado, la FIFA montó un campeonato universal. Así nació la Copa del Mundo o Copa Jules Rimet (antiguo presidente de la FIFA). En 1930 se celebró el primer Mundial en Uruguay. En 1955 se inició la Copa de Europa de Clubes. El Real Madrid ganó las cinco primeras ediciones.

JUEGO LIMPIO Y ESPECTÁCULO

Durante la segunda mitad del siglo XX se fomentó el aspecto comercial del fútbol y este deporte comenzó a convertirse en un gran negocio. En los 70 y 80 se produjo un gran aumento de la violencia y el vandalismo de los seguidores y esto afectó a la popularidad del fútbol. Se hizo imprescindible promocionar el juego limpio dentro y fuera del campo y asegurar la integridad de espectadores, futbolistas y árbitros. Poco a poco las aguas volvieron a su cauce.

→ **ORGANISMOS** DE FÚTBOL

Todos los deportes importantes están regidos por organizaciones que coordinan su práctica y organizan los campeonatos.

FIFA

La Federación Internacional de Fútbol Asociación es el máximo organismo de fútbol mundial. Fue fundada en 1904 en París y la formaban entonces Francia, Bélgica, España, Holanda, Suiza y Dinamarca. Más tarde se incorporó Inglaterra. En la actualidad la componen 191 países.

UEFA

Es la Unión de Asociaciones de Fútbol Europeas. Se fundó en 1954 cuando se creó la Copa de Europa. Está compuesta por las distintas federaciones nacionales, representado a 49 países. Se encarga de organizar los torneos europeos tanto de clubes como de selecciones.

CONMEBOL

La Confederación Suramericana de Fútbol está compuesta por 10 países.

CAF

Es la Confederación Africana de Fútbol.

FEDERACIÓN ESPAÑOLA DE FÚTBOL

Se encarga de coordinar la práctica del fútbol en España. Se creó en 1913. Como cada federación nacional en su país, organiza sus correspondientes campeonatos de Liga y Copa.

CONCACAF

La Confederación Norte-Centroamericana y del Caribe de Fútbol.

LOS CLUBES

Los clubes son las empresas de los equipos de fútbol, prevalecen a lo largo de la historia, independientemente de jugadores, entrenadores o presidentes.

F. C. BARCELONA

Barcelona (España)
Fundación: 1899
Estadio Camp Nou
Capacidad: 98.787 espectadores
Uniforme: camiseta con franjas azules y granas y pantalón azul

Palmarés: 2 Ligas de Campeones, 4 Recopas de Europa, 4 Copas de la UEFA, 2 Supercopas de Europa, 18 Ligas Españolas, 24 Copas y 7 Supercopas de España.

Su estadio, el Camp Nou, se inauguró en 1957 y es uno de los más grandes de Europa. Por él han pasado brillantes jugadores como Kubala, Cruyff, Neeskens, Asensi, Rexach o Ronaldo. La primera mitad de los años 90 fueron sus años dorados, cuando con Cruyff como entrenador ganaron cuatro Ligas seguidas y, por fin, la Copa de Europa.

REAL MADRID C. F.

Madrid (España)
Fundación: 1902
Estadio: Santiago Bernabéu
Capacidad: 87.554 espectadores
Uniforme: camiseta blanca y pantalón blanco con franja negra

Palmarés: 9 Ligas de Campeones, 2 Copas de la UEFA, 3 Copas Intercontinental, 1 Supercopa de Europa, 30 Ligas Españolas, 17 Copas y 7 Supercopas de España.

En cualquier lugar de España hay aficionados de este equipo, esto da una idea de su dimensión. Sus 9 copas de Europa y el resto de su palmarés acreditan la calificación que le concedió la FIFA en 1998 como "el mejor equipo de la historia". Di Stéfano, Puskas, Gento, Santillana, Michel o Butragueño son algunos de los jugadores que han pasado por el Madrid. Su plantilla suele ser de las más potentes de Europa.

MANCHESTER UNITED F. C.

Manchester (Inglaterra)
Fundación: 1878
Estadio Old Trafford
Capacidad: 76.000 espectadores
Uniforme: camiseta roja y panta-
lón blanco

Palmarés: 2 Ligas de Campeones, 1 Recopa, 1 Supercopa de Europa, 16 Premier League, 11 FA Cups, 1 Copa Intercontinental.

El Machester es uno de los equipos más potentes de Inglaterra, destacando sobre todo en la Liga. Es un club marcado por la tragedia. Una generación de excelentes futbolistas murió en un accidente de avión.

JUVENTUS F. C.

Turín (Italia)
Fundación: 1897
Estadio Delli Alpi
Capacidad: 27.168 espectadores
Uniforme: camiseta a rayas blancas
y negras y pantalón blanco

Palmarés: 2 Ligas de Campeones, 2 Supercopas de Europa, 1 Recopa, de Europa, 3 Copas de la UEFA, 2 Copas Intercontinental, 27 Legas Calcio, 9 Copas de Italia.

Este club pertenece a la familia Agnelli, los magnates del grupo Fiat. En los 80 la mayoría de los jugadores de la selección italiana eran de la Juventus. En mayo del 85, el mismo día que ganó la Copa de Europa, un grupo de *hoolligans* del Liverpool se abalanzó contra los seguidores italianos y estos al retroceder se aplastaron contra un muro y las vallas del campo. Murieron 39 personas.

FC BAYERN DE MUNICH

Munich (Alemania)
Fundación: 1900
Estadio Allianz Arena
Capacidad: 70.000 espectadores
Uniforme: camiseta y pantalón
rojos

Palmarés: 4 Ligas de Campeones, 1 Copa de la UEFA, 2 Copas Intercontinental, 1 Recopa de Europa, 20 Bundesliga y 13 Copas de Alemania.

Los setenta fueron los años de Franz Beckenbauer, Breitner, Maier y Gerd Torpedo Müller. Este equipo ganó el Mundial del 74. La Copa de Europa se les escapa desde que consiguieron la cuarta en 2001. Por el Bayern han pasado Rúmmenige, Brehme o Klismann, entre otros nombres importantes.

AJAX AMSTERDAM

Amsterdam (Holanda)
Fundación: 1900
Estadio Amsterdam Arena
Capacidad: 51.628 espectadores
Uniforme: camiseta blanca con una franja roja vertical en el centro y pantalón blanco

Palmarés: 4 Ligas de Campeones, 1 Copa de la UEFA, 2 Intercontinentales, 1 Recopa de Europa, 2 Supercopas de Europa, 29 Ligas nacionales y 17 Copas de Holanda.

Cuenta con una prestigiosa escuela que propugna un juego ofensivo y valora la deportividad y el juego limpio. En los setenta brillaron estrellas como Cruyff, Neeskens o Rep. Tiene muy buena cantera pero también el problema de que muchos de sus jugadores abandonan el club para ir a otros equipos europeos.

CLUB ATLÉTICO BOCA JUNIORS

Buenos Aires (Argentina)
Fundación: 1905
Estadio La Bombonera
Capacidad: 57.000 espectadores
Uniforme: camiseta azul con franja amarilla en el centro y pantalón azul

Palmarés: 6 Copas Libertadores, 3 Intercontinentales, 22 Campeonatos argentinos, 2 Copas Sudamericanas, 3 Recopas Sudamericanas.

Fundado a principios de siglo en el barrio La Boca de Buenos Aires, donde había muchos descendientes de italianos. Su rival tradicional es el River Plate. Maradona jugó la temporada 81-82 en el Boca, luego se fue para volver en los noventa.

➤ **REGLAS** DEL JUEGO

El fútbol se juega entre dos equipos de 11 jugadores: un portero y, generalmente, cuatro defensas, tres o cuatro centrocampistas y dos o tres delanteros. Su objetivo es meter la pelota en la portería del contrario mediante una patada o dirigiéndola con la cabeza. El equipo que consigue el mayor número de goles es el ganador.

El partido comienza con una patada al balón desde el centro del campo. El equipo en posesión del balón intenta avanzar sorteando al contrario y pasándose la pelota. El equipo defensor intenta conseguir el balón interceptando los pases o quitándoselo al oponente.

REGLAS BÁSICAS DEL FÚTBOL

Las medidas del **terreno de juego** han de ser como mínimo de 90 por 45 metros y como máximo de 120 por 90 metros. Las dimensiones externas pueden variar, mientras que las internas, como el área y la portería son fijas.

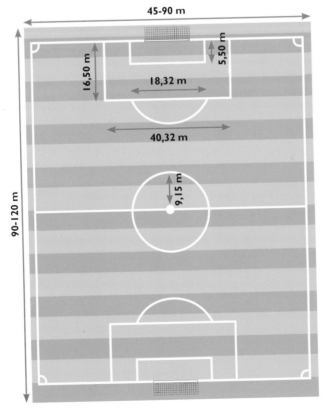

La superficie debe estar completamente lisa y ser suave. La hierba es lo mejor: el fútbol de alto nivel se juega siempre sobre hierba.

Las líneas exteriores deben estar bien marcadas con líneas que no excedan los 12 cm. Las líneas largas se llaman bandas y las cortas fondos.

La línea central divide el campo de juego por la mitad, estando las porterías ubicadas en el centro de cada extremo. A su alrededor están señaladas las líneas de meta y el área de penalti.

La **portería** ha de tener dos postes separados por 7,32 metros con un travesaño que les une y que está a una altura de 2,44 metros.

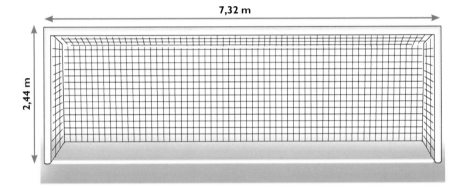

El **balón** debe ser esférico, pesar entre 410 y 450 gr y tener una circunferencia entre 68 y 71 cm. La presión del balón es comprobada antes de un partido por el árbitro.

El partido se juega en **dos tiempos** de 45 minutos cada uno. Entre la primera y la segunda parte se hace un descanso de 15 minutos.

Los jugadores de campo, excepto los porteros, no pueden tocar el balón con la mano y estos solo pueden hacerlo en sus áreas.

A cada equipo se le permite hacer hasta tres **sustituciones** por partido.

SAQUES

Todos los partidos se empiezan sacando desde el medio del campo. Cuando se encaja un gol también se saca desde allí.

SAQUE DE PUERTA. Si un jugador atacante impulsa el balón y este sobrepasa la línea de fondo sin marcar un gol, los defensores lanzarán un saque de puerta. El saque se efectuará desde cualquier lugar dentro del área pequeña y los jugadores del equipo contrario deberán permanecer fuera del área. No puede marcarse gol directamente desde un saque de puerta.

SAQUE DE BANDA. Si el balón sobrepasa por completo la línea de banda, deberá ser lanzado desde el punto donde cruzó la línea por un oponente del último jugador que lo tocó. El lanzador debe ponerse frente al campo, mantener ambos pies sobre el suelo, usar ambas manos y lanzar el balón desde atrás o sobre su cabeza.

SAQUE NEUTRAL. Es una forma de reiniciar un partido después de una pausa temporal necesaria. El árbitro deja caer el balón en el sitio donde se encontraba cuando se detuvo el juego.

CÓRNER. Cuando un jugador en defensa impulsa el balón y este sobrepasa totalmente la línea de fondo, pero sin marcar un gol, el equipo atacante efectuará un saque de esquina. El lanzamiento se hará desde el cuarto de círculo situado en el banderín de esquina más próximo a donde el balón cruzó la línea de fondo. Los jugadores del equipo contrario no deberán aproximarse a menos de 9,15 m del balón hasta que este se encuentre en juego. El jugador que efectúa el saque no podrá tocar el balón de nuevo hasta que haya sido tocado por otro jugador.

SAQUES DE PORTERÍA.
El portero no puede estar obstaculizado por ningún oponente. En estos saques, el compañero de equipo del portero no puede recibir en el área.

Las FALTAS se castigan con tiros libres (directos o indirectos) o penaltis. El árbitro decide si debe mostrar una tarjeta o no y si esta es amarilla o roja. Durante el lanzamiento de un penalti los jugadores que defienden deben permanecer al menos a 9,15 metros del balón, fuera del área y detrás del punto de penalti. El portero no puede moverse fuera de la línea de gol (aunque sí a lo largo de ella) hasta que el balón haya sido golpeado.

PENALIZACIONES

Tarjeta amarilla

Se sanciona a un jugador con tarjeta amarilla cuando comete alguna de las siguientes infracciones, entre otras: su comportamiento es antideportivo, muestra desacuerdo de palabra o acción, infringe las reglas reiteradamente, retrasa la reanudación del juego, no guarda la distancia necesaria cuando el juego se reinicia con un saque de esquina o tiro libre, o deja el terreno de juego sin autorización.

Tarjeta roja

Esta sanción supone la expulsión del jugador. Se aplica cuando realiza cualquiera de las siguientes infracciones: si comete una falta grave, si su conducta es violenta, si impide que un oponente consiga un gol o evita una clara ocasión de gol, comete una falta sancionable con tiro libre directo, utiliza lenguaje ofensivo o cuando recibe una segunda tarjeta amarilla en el mismo partido.

Penalti

Un lanzamiento de penalti es un tipo especial de lanzamiento libre directo. Es sancionado cuando las infracciones que hemos comentado se cometen dentro del área.

Menos los penaltis, las demás faltas han de efectuarse desde donde se han cometido, si el equipo que ha hecho la falta quiere poner barrera ha de ser a unos 9,15 metros.

Ni el entrenador ni nadie del banquillo puede salir de sus límites, a no ser para atender a alguien lesionado y esto se debe hacer con el permiso del árbitro o para calentar en la banda o en el fondo.

Los porteros han de ir diferentemente vestidos del resto de sus compañeros. No debe de haber ningún parecido en las indumentarias de los dos equipos, por ello todo equipo ha de tener un equipamiento de reserva.

Si al final de un partido de una eliminatoria, ambos equipos han conseguido igual número de goles, el partido acaba en empate. En estos casos hay dos prórrogas de 15 minutos cada una. Si durante este tiempo se consigue un gol (llamado "Gol de Oro"), el juego se declara finalizado inmediatamente.

Tandas de penaltis

Si no se consigue un gol en la prórroga, se deberá lanzar una tanda de penaltis para determinar el ganador. El árbitro escoge la portería donde tendrán lugar los lanzamientos. Tira una moneda al aire y el equipo cuyo capitán acierta, lanza el primer penalti. Ambos equipos disparan cinco veces, alternativamente. Si antes del final de la tanda de 5 penaltis han conseguido el mismo número de goles, o no han conseguido ninguno, los lanzamientos continúan en el mismo orden hasta

que un equipo haya conseguido un gol más que el otro con el mismo número de lanzamientos. Cada penalti es lanzado por un jugador diferente y todos los jugadores deben efectuar un lanzamiento antes de que algún jugador pueda volver a repetir un segundo tiro.

Fuera de juego

Un jugador está en posición de fuera de juego si está más próximo a la línea de gol de sus oponentes que el balón y el penúltimo oponente, excepto si él se encuentra en su propia mitad del campo. Un jugador solamente es penalizado por estar fuera de juego si, en el

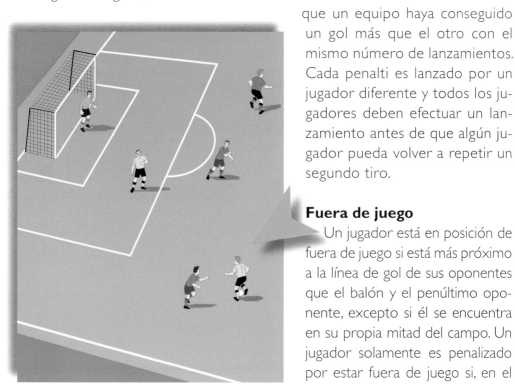

momento en que el balón es tocado o jugado por uno de sus compañeros de equipo, a juicio del árbitro está activamente implicado en el juego. Si adquiere ventaja por estar en esa posición, o interfiere con el juego o un oponente, el juego se detiene y se lanza un tiro libre indirecto favorable al equipo que defiende. Si simplemente permanece sin participar en la acción, o si recibe el balón directamente de un saque de puerta, neutral, de esquina o de banda, el juego no se detiene.

EL ÁRBITRO Y LOS JUECES DE LÍNEA

En todo partido ha de haber un árbitro y tres asistentes, uno en cada banda y otro más que se ocupa de los cambios, mostrar el tiempo añadido, sustituir a cualquiera de los otros por lesión…

El árbitro

Los partidos los controla un árbitro neutral armado con dos silbatos, dos relojes, una moneda, una libreta, una tarjeta amarilla, otra roja y un lápiz. Hace respetar las reglas, controla el tiempo permitiendo a su criterio detener el juego o el partido, amonestar a los jugadores e impedir a personas no autorizadas entrar al terreno de juego. El árbitro puede permitir que el balón continúe hasta que el balón salga fuera si considera que un jugador no tiene una lesión grave, o cuando el equipo contra el que se sancionara una falta se beneficiaría de tal ventaja.

Los jueces de línea

Asisten al árbitro. Permanecen fuera de las líneas de fondo y laterales, y señalizan los saques e infracciones. Advierten también al árbitro cuando se solicita una sustitución.

Las decisiones del árbitro son inapelables. Sólo puede cambiar una decisión si se da cuenta de que es incorrecta, bajo la advertencia de un juez de línea, con tal de que no se haya reanudado el juego.

➤ **LOS OCHO** MEJORES JUGADORES

Cada aficionado tiene sus jugadores favoritos, sobre todo dentro de su equipo. Pero hay algunas figuras del fútbol que, por su calidad o por su carisma, han marcado una época o un estilo de juego.

PELÉ, "O REI"

Pelé es, para muchos, el mejor jugador de todos los tiempos. En 1980 fue elegido "mejor deportista del siglo XX" por los cronistas deportivos de los veinte periódicos más importantes del mundo. Su verdadero nombre es Edson Arantes do Nascimento. Nació en 1940 en Tres Coraçoes, una localidad del estado brasileño de Minas Gerais. A los 18 ya vestía la camiseta de la selección brasileña. En el Mundial de Suecia 58 su talento y juventud asombraron al mundo. En la final contra la selección anfitriona marcó dos goles impresionantes que dieron la Copa a su equipo.

En 1253 partidos marcó más de 1200 goles. Lo que más destacaba de Pelé eran sus espectaculares regates y su capacidad para materializar las ocasiones de gol. Era un jugador atrevido, fuerte y ágil a la vez. En 1971 anunció su despedida, pero cuatro años después se fue al Cosmos de Nueva York para ayudar a implantar el fútbol en Estados Unidos y se retiró definitivamente en el 77.

DI STÉFANO, LA "SAETA RUBIA"

Nació el 4 de julio de 1926 en Buenos Aires. Sus padres eran italianos. Fue un futbolista muy completo, referencia mundial de los años 50 y 60. Su primer club fue el River Plate. Después de jugar en el Millonarios de Bogotá, llegó a España. Con el Real Madrid ganó 5 Copas de Europa, 5 Ligas y 5 trofeos pichichi entre otros. En Caracas donde fue a jugar un torneo con el Madrid, fue secuestrado durante dos días por el denominado Ejército de Liberación Nacional de Venezuela. Jugó 17 veces con la selección argentina y -después de nacionalizarse- 24 con la española.

Su control del balón y sus remates le hicieron famoso. Presionaba no solo al rival sino también a sus propios compañeros. Era inagotable. A su fuerza atlética se sumaba su inteligencia, su intuición y su capacidad de ataque y defensa. Posteriormente hizo una gran carrera como entrenador. Estuvo en el Valencia, el River Plate, el Boca Juniors y el Real Madrid.

MARADONA, EL "PIBE DE ORO"

Su físico bajito y regordete no le impidió llegar a ser el mejor jugador del mundo. Diego Armando Maradona nació en Villa Fiorito, un pueblo a las afueras de Buenos Aires. Vivió su infancia en la pobreza, pero siempre cerca del balón. A los 16 años debutó en la selección argentina y a los 19 fue nombrado mejor jugador de Sudamérica.

Destacaba por sus lanzamientos de falta y su increíble control del balón. En 1986 ganó el Mundial de México. Allí marcó sus dos goles más famosos. Uno lo metió con la mano sin que lo viera el árbitro; con el segundo asombró al mundo cuando, después de sortear a siete adversarios, batió al portero inglés.

En 1982, lo fichó el F. C. Barcelona y luego se fue al Nápoles, donde triunfó al ganar dos ligas y una UEFA. Pero su genialidad con el balón siempre se mezclaba con la polémica y sus problemas personales. En 1991 se le acusó de consumir estupefacientes. Intentó volver al fútbol y en el Mundial del 94 se le volvió a expulsar por dar positivo en un control antidopaje. Después siguió jugando en el Boca Juniors hasta su retirada definitiva.

CRUYFF Y EL "FÚTBOL TOTAL"

Johan Cruyff (Holanda 1947) fue el líder de la mejor época del fútbol holandés. Desde su equipo, el Ajax, y su selección -conocida en los setenta como "la naranja mecánica"- creó una forma de entender el fútbol con un juego ofensivo, dinámico y alegre, el llamado "fútbol total".

Destacaba este jugador flaco y de pelo largo por su rapidez, sus cambios de ritmo y su repertorio de remates. En tres años consecutivos (1971, 1973 y 1974) fue designado «Balón de Oro» del fútbol europeo. También fue el mejor jugador del Mundial 74. Ganó tres Copas de Europa, una Intercontinental y diez Ligas (nueve en Holanda y una en España con el Barça). Más adelante continuó vinculado al fútbol como entrenador, con el Barcelona ganó cuatro títulos de Liga consecutivos (temporadas 90-91 hasta 93-94) y una Liga de Campeones en el 92.

BATISTUTA, "BATIGOL"

El delantero argentino Gabriel Omar Batistuta -nacido en 1969 en Santa Fe- pasó por varios clubes de su país hasta llegar en 1991 a la Liga italiana para jugar en la Fiorentina. Ese mismo año ganó la Copa de América para su selección y recibió el Balón de Oro. En Italia demostró su don de goleador y le apodaron Batigol. En 1993 obtuvo de nuevo la Copa América con Argentina y en 1994 participó en la Copa del Mundo de Estados Unidos. En 1998, en un partido de la fase de clasificación para el Mundial frente a Paraguay, batió la marca de Maradona como máximo goleador de todos los tiempos de la selección argentina

DEL PIERO, EL "JEFE DE LA JUVE"

El título de "jefe de la Juve" se lo arrebató a Baggio cuando le sustituyó por una lesión. Llevó a la Juventus a la final de la Liga italiana y a ganar la Copa de la UEFA.

Es un jugador con mucha clase y carisma. Sus patillas han marcado una moda entre los seguidores jóvenes de la Juventus. Se le considera uno de los mejores delanteros de finales del siglo XX, dentro de un equipo que está pasando por uno de sus mejores momentos.

RONALDO

Ronaldo Luiz Nazario da Lima nació en Río de Janeiro (Brasil) en 1976. Su infancia fue muy dura, su madre tuvo que sacar adelante a toda la familia.

Tras dos temporadas en el Cruzeiro, se reveló como una gran promesa y pasó de ganar seiscientos euros al mes a casi seiscientos mil euros por temporada. Pronto le fichó el PSV Eindhoven holandés donde demostró su valía con numerosos goles.

En 1996, firmó con el F. C. Barcelona, uno de los traspasos más caros de la historia del fútbol. En la Liga española marcó 34 goles, la mayoría espectaculares y el Barça quedó subcampeón. En 1996 y 1997 fue elegido mejor futbolista del mundo por la FIFA. En julio de ese mismo año pasó a jugar con el Inter de Milán. Es un jugador veloz y potente y que ha alcanzado la fama muy joven.

RAÚL

Es uno de los más brillantes delanteros de la actualidad. Destaca su rapidez, su agilidad y su inteligencia.

Es madrileño y nació en 1977. A los 13 años lo fichó el Atlético de Madrid y debutó en el equipo infantil, pero cuando se eliminaron las divisiones inferiores, pasó al Real Madrid y se incorporó al primer equipo en 1994. Debutó en Primera División ese año en la Romareda contra el Zaragoza. El entrenador era Jorge Valdano.

A partir de este momento, su carrera en el Real Madrid fue de lo más veloz. Con 17 años, Raúl era el jugador más joven en vestir la camiseta en la historia del club blanco. Una de las mejores temporadas para el jugador madridista fue la del 96-97, marcó 21 goles y su equipo consiguió una nueva Liga. Además, fue convocado por primera vez con la selección nacional absoluta española. Raúl es el ídolo de la afición madridista y ha contado sus experiencias en el libro *El futuro*.

LUIS FIGO

Luis Filipe Madeira Figo nació en Lisboa (Portugal) en 1972. Es un jugador determinante en la banda derecha. Actualmente está considerado como uno de los mejores jugadores del mundo.

Tiene un gran regate, una gran calidad técnica, mide sus jugadas con gran precisión y además hace goles. Por otro lado, tiene una fuerte personalidad marcada por su espíritu luchador, por eso es un hombre fundamental en el equipo que esté y resultó tan escándaloso su traspaso al Real Madrid, después de ser un jugador muy identificado con el Barça.

⮞ **LAS** COMPETICIONES

Las competiciones, en fútbol, son la medida del triunfo: trofeos, copas, títulos... En los equipos pequeños y en los más grandes lo que importa son los resultados. El rey de los campeonatos de fútbol es el Mundial.

LOS MUNDIALES

Mundial de Alemania 2006. Partido entre la selección de España y de Francia.

La Copa del Mundo se llamaba, hasta 1970, la Copa de Jules Rimet, nombre de su principal promotor. Desde entonces los equipos compiten por la Copa del Mundo de la FIFA. Los Mundiales se celebran cada cuatro años en una sede diferente. Comenzaron a disputarse en 1930 cuando el fútbol fue retirado como deporte olímpico.

El primer Mundial se organizó en Uruguay y acudieron nueve selecciones sudamericanas y tres europeas. En la final Uruguay ganó a Argentina. El siguiente campeonato fue en Italia y se introdujo un torneo clasificatorio. España llevó a Italia uno de los mejores equipos de su historia con los legendarios Zamora, Ciriaco o Gorostiza. Después del parón por la guerra, los Mundiales volvieron en 1950, en Brasil.

El primer Mundial de fútbol femenino tuvo lugar en China en 1991. Lo ganó Estados Unidos.

LA COPA DE EUROPA: "LA LIGA DE CAMPEONES"

La Copa de Europa es la competición eliminatoria anual entre los campeones de Liga de todos los países afiliados a la UEFA. Se puso en marcha en 1955, El ex-futbolista y director del

El Real Madrid ganador de la Liga de Campeones. Su séptima victoria. Temporada 1997-1998.

periódico francés L'Équipe, Gabriel Hanot, propuso la creación de un campeonato que midiera las fuerzas de los mejores equipos europeos de cada temporada. En la primera edición participaron 16 equipos, campeones ese año de sus respectivos torneos de Liga. El éxito de esta competición superó todas las expectativas. El Madrid es el equipo con más Copas de Europa con sus nueve triunfos.

LA COPA LIBERTADORES

En esta competición se enfrentan los campeones y subcampeones de las principales ligas sudamericanas que integran la Confederación Suramericana de Fútbol. Empezó en 1960 llamándose Copa de Campeones de Sudamérica. En 1965 se incluyeron también los subcampeones y pasó a llamarse Copa Libertadores.

Partido entre el Santos y el Gremio.

LA COPA DE LA UEFA

Sus orígenes están en 1958 cuando se estableció como un campeonato de ciudades europeas que tuvieran ferias de comercio internacionales. Actualmente es el tercer torneo en importancia en Europa. Agrupa a los mejores equipos de cada país, al margen del campeón de Liga. Está abierta a los equipos clasificados en los primeros lugares de los campeonatos que no participen en las otras dos competiciones europeas principales. Empiezan jugando 32 equipos emparejados en eliminatorias. Desde 1998, la final es a un solo partido en un terreno neutral, elegido antes de empezar la competición.

LA COPA DE AMÉRICA

Es una competición bianual entre selecciones sudamericanas y se alterna con el Mundial. Sus inicios se remontan a 1910. Argentina fue la primera selección en ganar y la que más títulos posee, 15.

LA COPA INTERCONTINENTAL

También llamada Campeonato del Mundo de Clubes. Sirve para acreditar el mejor equipo del mundo, ya que enfrenta al campeón de la Liga de Campeones y al campeón de la Copa Libertadores. Se celebra desde 1960. En 1980 Toyota ofreció su patrocinio para que la final fuera a un único partido en Tokio.

Copa Intercontinental de 1974-75. Ganador el Atlético de Madrid.

OTRAS COMPETICIONES INTERNACIONALES

Desde 1978 y cada dos años se disputa el Campeonato de Europa sub-21.

Dos competiciones importantes para jóvenes son el Campeonato del Mundo de la FIFA Sub-17 y el Sub-20.

Cada dos años se celebra La Copa de África de Selecciones Nacionales, es el evento internacional más relevante del continente africano.

La Copa de Campeones de la CONCACAF es la competición más importante para los clubes de América Central y el Caribe. Es bianual.

La Copa de Asia de Selecciones Nacionales se celebra cada cuatro años. Destaca el fútbol de Kuwait y Arabia Saudí.

También hay campeonatos de fútbol femenino de Europa y del Mundo.

LA LIGA

Es la competición más importante en cada país. Marca el ritmo de la temporada futbolística y su cobertura ocupa mucho espacio tanto en informativos de radio y televisión como en la prensa escrita.

La Liga la disputan un número determinado de equipos, dependiendo del país, entre los 18 y los 20. Se enfrentan entre sí, todos contra todos en el campo propio y en el rival. La temporada suele iniciarse a finales de agosto o principios de septiembre y finaliza en torno a mayo o junio.

La clasificación es por puntos y demuestra la regularidad de los equipos. El sistema de puntuación es de tres puntos por victoria, uno por el empate y cero por la derrota. En caso de empate se acude a los resultados directos entre los equipos implicados o a la diferencia de goles en el cómputo total.

En España comenzó la temporada 1928-29 con la participación de diez equipos. El primer campeón fue el Athlétic de Bilbao. En 1942 ya la disputaban catorce equipos y en 1951 ya eran 16 clubes de primera división. A partir de 1988 la cantidad es de 20 equipos. El Real Madrid es el equipo que más veces ha ganado la Liga, con 27 triunfos.

LA COPA

Es la segunda competición en importancia que se disputa cada temporada. Oficialmente se llama Campeonato de España de fútbol. En España ha ido cambiando de nombre según la época histórica: Copa del Rey con Alfonso XIII, Copa de España en la República, Copa del Generalísimo con la dictadura franquista y de nuevo Copa del Rey con la restauración de la Monarquía en 1976.

La primera edición fue en 1903. La Liga, quedó interrumpida durante la guerra civil. La dinámica de juego es mediante eliminatorias sucesivas. Por medio de un sorteo

El rey Alfonso XIII presenciando una final del premio que llevaba su nombre.

previo se enfrentan equipos de Primera, Segunda División y Segunda B. La final se juega en un escenario neutral. El palmarés de Copa lo encabezan el Athlétic de Bilbao y Barcelona con 23 títulos.

BIOGRAFÍAS IMPORTANTES

MENOTTI

El argentino César Luis Menotti nació en 1938. Como jugador participó en equipos como el Santos en Brasil y la Juventus de Turín. Tras su carrera como futbolista se convirtió en entrenador, dirigiendo equipos en Argentina,

Uruguay, Brasil y España. Cuando dirigió al Barcelona en 1984 ganó la Copa del Rey. También entrenó al Boca Juniors, Atlético de Madrid, River Plate, Peñarol y a la selección de México. Su mayor éxito fue conseguir la Copa del Mundo en Argentina 78 cuando entrenaba a esta selección. Un año después también ganó el Mundial juvenil.

LUIS ARAGONÉS

Nació en Madrid en 1938. Pasó por las divisiones inferiores del Real Madrid. Jugó en el Recreativo de Huelva, Oviedo, Betis y Atlético de Madrid, con el que ganó tres títulos de Liga y dos de Copa. Fue 11 veces internacional con la selección española. En la final de la Copa de Europa del 74 marcó un gol que casi le da el triunfo al Altético de Madrid frente al Bayern de Munich. Ese mismo año se retiró como futbolista y pasó a ser entrenador del

Atlético. Al año siguiente ganó la Copa Intercontinental y después una Liga y una Copa. Este Míster entrenó a otros muchos equipos españoles: Barcelona (campeones de la Copa del Rey en 1988), Español, Sevilla y Valencia. Su apodo era "el sabio de Vallecas" y destacó por su fuerte personalidad, carácter e independencia. Desde 2004 tiene el cargo de seleccionador nacional.

BECKENBAUER

Nació en Munich en 1945. Desde muy joven destacó por su juego; el Bayern de Munich lo fichó a los 14 años. Debutó en la liga alemana en 1964 y asombró al mundo en la Copa del Mundo de Inglaterra en 1966. En esta época el Bayern empezó a forjar su leyenda y se convirtió en la nueva potencia mundial en cuanto a clubes de fútbol. En el mundial de México de 1970 llegó a jugar un partido con el brazo en cabestrillo. Se caracterizó por su elegancia al jugar, su capacidad de liderazgo y su presencia en el campo de juego.

CAMACHO

José Antonio Camacho nació en Cieza (Murcia) en 1955. Su familia se trasladó a Albacete y fue allí donde debutó como futbolista en un equipo juvenil.

Durante 16 años jugó como defensa izquierdo en el Real Madrid. En esta etapa su equipo consiguió nueve campeonatos de Liga (74-75 hasta 88-89), cuatro títulos de Copa, una Supercopa, dos copas de la UEFA y otros trofeos.

Abandonó como jugador en 1987. Su carrera como entrenador comenzó con los juveniles del Castilla. Fue ayudante de Di Stéfano en el Madrid y entrenador del Sub-19 juvenil del Real Madrid. En el 92 empezó a entrenar al Rayo Vallecano, que estaba entonces en Segunda División. Al final de temporada ascendió a Primera. Lo mismo ocurrió con el Espanyol en el temporada 93-94 y en el 96 se clasificaron para la Copa de la UEFA. De aquí pasó al Sevilla, pero debido a ciertas discrepancias con la entidad volvió al Espanyol.

Era 1998 y en ese momento Camacho pretendía alejarse del fútbol. En el Madrid fue contratado para dirigir al equipo blanco. Pero veinte días después de firmar, dimitió del cargo. En septiembre de 1998, José Antonio Camacho fue nombrado seleccionador nacional, cargo que ejerció hasta 2002. Desde 2002 hasta 2004 dirigió al Benfica (de Portugal). Y en este último año pasó a dirigir al Real Madrid. Hoy, aunque sigue siendo entrenador, no está al frente de ningún equipo.

VALDANO

El hispano-argentino Jorge Alberto Valdano nació en Las Parejas (Santa Fe) en 1955. Como jugador fue un excelente delantero y destacado goleador. Alternó la punta izquierda del ataque con la de delantero centro. Era un futbolista con fuerza y con capacidad de aguante.

En 1975 llegó a la Liga española, fichó por el Alavés, equipo de la Segunda División y allí estuvo cuatro años. Luego pasó a Primera División y estuvo en el Real Zaragoza. En 1984 fichó por el Real Madrid, club en el que jugó cuatro años y donde coincidió con la llamada "Quinta del Buitre". Con la selección argentina jugó un total de 22 encuentros, entre ellos dos correspondientes al Mundial disputado en España en 1982. En México 86 jugó todos los partidos. En 1988 adquirió la doble nacionalidad (española y argentina) pero contrajo una hepatitis que mermó su rendimiento y anunció su retirada.

Antes de debutar como entrenador, Valdano ejerció como comentarista en diversos medios de comunicación con un gran éxito por su facilidad de palabra. En la temporada 1991-1992 sustituyó a Jorge Solari como técnico del Tenerife. Fue fichado por el Real Madrid, con el que conquistó la Liga (1995), al año siguiente dejó este club. Tras tomarse un tiempo de descanso, continuó su carrera como técnico en el Valencia. Después de retirarse como entrenador ha escrito cinco libros y actualmente dirige una empresa.

ZINEDINE ZIDANE, "ZIZOU"

Nació en Marsella, el año 1972. Ha sido campeón mundial y europeo con la selección francesa y considerado como uno de los mejores jugadores del mundo. Con diecisiete años Zinedine Zidane debutó en Primera División con el Cannes. Destacó en la Juventus junto al italiano Alessandro Del Piero. Jugador de unas

sobresalientes cualidades futbolísticas y de un palmarés en el que no falta ningún título, ya que además de ganarlo todo con la selección francesa, Zidane ha conseguido en la categoría de clubes ser campeón de Liga, de la Supercopa de Europa y de la Copa Intercontinental. En 2001 sorprendió su multimillonario fichaje por parte del Real Madrid.

Su exquisita calidad técnica, un potente físico y una privilegiada visión de juego hicieron de él un futbolista creativo y con enormes recursos. Actualmente participa en partidos y actos benéficos y es también embajador de UNICEF.

> **PALMARÉS** DE COMPETICIONES

COPA DEL MUNDO

Uruguay 1930, campeón Uruguay, subcampeón Argentina
Italia 1934, campeón Italia, subcampeón Hungría
Francia 1938, campeón Italia, subcampeón Checoslovaquia
Brasil 1950, campeón Uruguay, subcampeón Checoslovaquia
Suiza 1954, campeón Alemania, subcampeón Brasil
Suecia 1958, campeón Brasil, subcampeón Hungría
Chile 1962, campeón Brasil, subcampeón Suecia
Inglaterra 1966, campeón Inglaterra, subcampeón Checoslovaquia
México 1970, campeón Brasil, subcampeón Alemania
Alemania 1974, campeón Alemania, subcampeón Italia
Argentina 1978, campeón Argentina, subcampeón Holanda
España 1982, campeón Italia, subcampeón Alemania
México 1986, campeón Argentina, subcampeón Alemania
Italia 1980, campeón Alemania, subcampeón Argentina
Estados Unidos 1984, campeón Brasil, subcampeón Italia
Francia 1998, campeón Francia, subcampeón Brasil
Corea / Japón 2002, campeón Brasil, subcampeón Alemania
Alemania 2006, campeón Italia, subcampeón Francia

COPA DE EUROPA

1956 Real Madrid, España
1957 Real Madrid, España
1958 Real Madrid, España
1959 Real Madrid, España
1960 Real Madrid, España
1961 Benfica, Portugal
1962 Benfica, Portugal
1963 Milán, Italia
1964 Inter de Milán, Italia
1965 Inter de Milán, Italia
1966 Real Madrid, España
1967 Celtic de Glasgow, Escocia
1968 Manchester United, Inglaterra
1969 Milán, Italia
1970 Feyenoord, Holanda
1971 Ajax, Holanda
1972 Ajax, Holanda
1973 Ajax, Holanda
1974 Bayern de Munich, Alemania
1976 Bayern de Munich, Alemania
1977 Liverpool, Inglaterra
1978 Liverpool, Inglaterra
1979 Nottingham Forest, Inglaterra
1980 Nottingham Forest, Inglaterra
1981 Liverpool, Inglaterra

1982 Aston Villa, Inglaterra
1983 Hamburgo, Alemania
1984 Liverpool, Inglaterra
1985 Juventus, Italia
1986 Steaua de Bucarest, Rumania
1987 Oporto, Portugal
1988 PSV Eindhoven, Holanda
1989 Milán, Italia
1990 Milán, Italia
1991 Estrella Roja de Belgrado, Yugoslavia
1992 Barcelona, España
1993 Olympique de Marsella, Francia
1994 Milán, Italia
1995 Ajax, Holanda
1996 Juventus, Italia
1997 Borussia Dortmand, Alemania
1998 Real Madrid, España
1999 Manchester United, Inglaterra
2000 Real Madrid, España
2001 Bayern de Munich
2002 Real Madrid
2003 Milán
2004 Porto
2005 Liverpool
2006 Barcelona
2007 Milán

COPA DE LA UEFA

1972 Tottenham Hotapur, Inglaterra
1973 Liverpool, Inglaterra
1974 Feyenoord, Holanda
1975 Borussia M., Alemania
1976 Liverpool, Inglaterra
1977 Juventus, Italia
1978 PSV Eindhoven, Holanda
1979 Borussia M., Alemania
1980 Eintracht de Frankfut, Alemania
1981 Ipswich Town, Inglaterra
1982 Goteborg, Suecia
1983 Anderlecht, Bélgica
1984 Tottenham Hotspur, Inglaterra
1985 Real Madrid, España
1986 Real Madrid, España
1987 Goteborg, Suecia
1988 Bayern Leverkusen, Alemania
1989 Nápoles, Italia
1990 Juventus, Italia
1991 Inter de Milán, Italia
1992 Ajax, Holanda
1993 Juventus, Italia
1994 Inter de Milán, Italia
1995 Parma, Italia
1996 Bayern de Munich, Alemania
1997 Schalke 04, Alemania
1998 Inter de Milán, Italia
1999 Parma, Italia
2000 Galatasaray, Rumania
2001 Liverpool, Inglaterra
2002 Feyenoord, Holanda
2003 Oporto, Portugal
2004 Valencia, España
2005 CSKA Moscú, Rusia
2006 Sevilla, España
2007 Sevilla, España

CAMPEONATO DE LIGA

1929 Barcelona
1930 Athlétic de Bilbao
1931 Athlétic de Bilbao
1932 Real Madrid
1933 Real Madrid
1934 Athlétic de Bilbao
1935 Betis
1936 Athlétic de Bilbao
1940 Atlético de Aviación (A. de Madrid)
1941 Atlético de Aviación (A. de Madrid)
1942 Valencia
1943 Athlétic de Bilbao
1944 Valencia
1945 Barcelona
1946 Sevilla
1947 Valencia
1948 Barcelona
1949 Barcelona
1950 Atlético de Madrid
1951 Atlético de Madrid
1952 Barcelona
1953 Barcelona
1954 Real Madrid
1955 Real Madrid
1956 Athlétic de Bilbao
1957 Real Madrid
1958 Real Madrid
1959 Barcelona
1960 Barcelona
1961 Real Madrid
1962 Real Madrid
1963 Real Madrid
1964 Real Madrid
1965 Real Madrid
1966 Atlético de Madrid
1967 Real Madrid
1968 Real Madrid
1969 Real Madrid
1970 Atlético de Madrid
1971 Valencia
1972 Real Madrid
1973 Atlético de Madrid
1974 Barcelona
1975 Real Madrid
1976 Real Madrid
1977 Atlético de Madrid
1978 Real Madrid
1979 Real Madrid
1980 Real Madrid
1981 Real Sociedad
1982 Real Sociedad
1983 Athlétic de Bilbao
1984 Athlétic de Bilbao
1985 Barcelona
1986 Real Madrid
1987 Real Madrid
1988 Real Madrid
1989 Real Madrid
1990 Real Madrid

1991 Barcelona
1992 Barcelona
1993 Barcelona
1994 Barcelona
1995 Real Madrid
1996 Atlético de Madrid
1997 Real Madrid
1998 Barcelona
1999 Barcelona
2000 Deportivo de la Coruña
2001 Real Madrid
2002 Valencia
2003 Real Madrid
2004 Valencia
2005 Barcelona
2006 Barcelona
2007 Real Madrid

COPA DE ESPAÑA
1903 Athlétic de Bilbao
1904 Athlétic de Bilbao
1905 Real Madrid
1906 Real Madrid
1907 Real Madrid
1908 Real Madrid
1909 Club Ciclista de San Sebastián
1910 Athlétic de Bilbao
1911 Athlétic de Bilbao
1912 Barcelona
1913 Barcelona
1914 Athlétic de Bilbao
1915 Athlétic de Bilbao
1916 Athlétic de Bilbao
1917 Real Madrid
1918 Real Unión de Irún
1919 Arenas de Guecho
1920 Barcelona
1921 Athlétic de Bilbao
1922 Barcelona
1923 Athlétic de Bilbao
1924 Real Unión de Irún
1925 Barcelona
1926 Barcelona
1927 Real Unión de Irún
1928 Barcelona
1929 Español
1930 Athlétic de Bilbao
1931 Athlétic de Bilbao
1932 Athlétic de Bilbao

1933 Athlétic de Bilbao
1934 Real Madrid
1935 Sevilla
1936 Real Madrid
1939 Sevilla
1940 Español
1941 Valencia
1942 Barcelona
1943 Athlétic de Bilbao
1944 Athlétic de Bilbao
1945 Athlétic de Bilbao
1946 Real Madrid
1947 Real Madrid
1948 Sevilla
1949 Valencia
1950 Athlétic de Bilbao
1951 Barcelona
1952 Barcelona
1953 Barcelona
1954 Valencia
1955 Athlétic de Bilbao
1956 Athlétic de Bilbao
1957 Barcelona
1958 Athlétic de Bilbao
1959 Barcelona
1960 Atlético de Madrid
1961 Atlético de Madrid
1962 Real Madrid
1963 Barcelona
1964 Zaragoza
1965 Atlético de Madrid
1966 Zaragoza
1967 Valencia
1968 Barcelona
1969 Athlétic de Bilbao
1970 Real Madrid
1971 Barcelona
1972 Atlético de Madrid
1973 Athlétic de Bilbao
1974 Real Madrid
1975 Real Madrid
1976 Atlético de Madrid
1977 Betis
1978 Barcelona
1979 Valencia
1980 Real Madrid
1981 Barcelona
1982 Real Madrid
1983 Barcelona

1984 Athlétic de Bilbao
1985 Atlético de Madrid
1986 Zaragoza
1987 Real Sociedad
1988 Barcelona
1989 Real Madrid
1990 Barcelona
1991 Atlético de Madrid
1992 Atlético de Madrid
1993 Real Madrid
1994 Zaragoza
1995 Dep. De la Coruña
1996 Atlético de Madrid
1997 Barcelona
1998 Barcelona
1999 Valencia
2000 Espanyol
2001 Real Zaragoza
2002 Deportivo de la Coruña
2003 Mallorca
2004 Real Zaragoza
2005 Real Betis
2006 Espanyol
2007 Sevilla

COPA LIBERTADORES

1960 Peñarol (Uruguay)
1961 Peñarol (Uruguay)
1962 Santos (Brasil)
1963 Santos (Brasil)
1964 Independiente (Argentina)
1965 Independiente (Argentina)
1966 Peñarol (Uruguay)
1967 Racing (Argentina)
1968 Estudiantes (Argentina)
1969 Estudiantes (Argentina)
1970 Estudiantes (Argentina)
1971 Nacional (Uruguay)
1972 Independiente (Argentina)
1973 Independiente (Argentina)
1974 Independiente (Argentina)
1975 Independiente (Argentina)
1976 Cruzeiro (Brasil)
1977 Boca Juniors (Argentina)
1978 Boca Juniors (Argentina)
1979 Olimpia (Paraguay)
1980 Nacional (Uruguay)
1981 Flamengo (Brasil)
1982 Peñarol (Uruguay)

1983 Gremio (Brasil)
1984 Independiente (Argentina)
1985 Argentinos Juniors (Argentina)
1986 River Plate (Argentina)
1987 Peñarol (Uruguay)
1988 Nacional (Uruguay)
1989 Atlético Nacional (Colombia)
1990 Olimpia (Paraguay)
1991 Colo-Colo (Chile)
1992 São Paulo (Brasil)
1993 São Paulo (Brasil)
1994 Vélez Sarsfield (Argentina)
1995 Gremio (Brasil)
1996 River Plate (Argentina)
1997 Cruzeiro (Brasil)
1998 Vasco da Gama (Brasil)
1999 Palmeiras (Brasil)
2000 Boca Juniors (Argentina)
2001 Boca Juniors (Argentina)
2002 Olimpia (Paraguay)
2003 Boca Juniors (Argentina)
2004 Once Caldas (Colombia)
2005 São Paulo (Brasil)
2006 Inter (Brasil)
2007 Boca Juniors (Argentina)

DATOS CURIOSOS

En 1982 en el estadio Lennin de Moscú murieron 340 personas por una avalancha originada en medio de un partido de la Copa de la UEFA que enfrentaba al Spartak de Moscú con el equipo holandés del Haarlem.

En 1985 en el estadio Heysel en Bruselas se produjo la tragedia que provocó la muerte de 39 hinchas italianos. Era la final de la copa de Europa entre el Liverpool y la Juventus.

Parece ser que la denominación de "culés" proviene del apodo que los peatones que pasaban junto a las gradas del antiguo campo de fútbol del Barça pusieron a los aficionados, ya que lo único que se les veía eran los traseros.

A este acontecimiento se le llamó "Maracanazo": el 16 de julio de 1950, la selección de Uruguay se proclamó campeona del mundo al derrotar por 1-2 a Brasil, anfitriona de aquel Mundial. En las gradas había 200.000 espectadores animándoles. Los goles de Schiaffino y Ghiggia y las imágenes de los aficionados llorando forman parte de la historia del fútbol.

Esta es una de las innumerables declaraciones famosas de Cruyff: "Mis delanteros solo deben correr 15 metros, a no ser que sean estúpidos o estén dormidos".

Los jugadores comenzaron a tener número en sus camisetas desde el 25 de agosto de 1928, en el partido un Hillsborough-Arsenal. El inventor fue el mánager del Arsenal, Herbert Chapmann.

La numeración de los jugadores se hizo oficial en la final de la Copa inglesa de 1933, Everton-Manchester City.

En la temporada 1939-40, en las ligas inglesa y escocesa, se implantó la costumbre de numerar a los jugadores del uno al once. En 1950, el Mundial de Brasil se convirtió en la primera competición internacional con un número para cada jugador.

No hay que olvidar al "jugador número 12": la afición. Ese término lo acuñó el 11 de febrero de 1970 el entonces seleccionador Ladislao Kubala tras el partido España-Alemania, que acabó con victoria española por 2-0.

En un partido infantil, los equipos Chellaston Boys y Ligthting Blue Sox empataron y tuvieron que lanzar penaltis. Una hora después de finalizado el tiempo reglamentario, aún no tenían resultado ya que todos los lanzamientos o iban fuera o los paraba el portero. El árbitro decidió adelantar el punto de penalti dos metros para hacerlo más fácil. Después de 56 penaltis, el árbitro decidió lanzar una moneda para decidir el vencedor, pero al final, en el lanzamiento número 66, el Lighting ganó el partido.

Pelé tenía alguna que otra superstición. Una vez regaló su camiseta a un aficionado. Poco después notó que su juego había empeorado y pensó que era por no tener la camiseta. Mandó a un amigo para localizar al aficionado y recuperarla. Días más tarde este volvió y le dio una camiseta y Pelé se tranquilizó; lo que no le dijo fue que no era la suya.

ACTIVIDADES

En el fútbol de hoy la velocidad es un factor fundamental. Los entrenamientos se llevan a cabo con un ritmo muy intenso. El experto Carmelo Bosco habla de la capacidad de aceleración como una de las cualidades más importante que debe poseer un jugador. Es decir, "trasladarse en el menor tiempo posible en un espacio delimitado".

Hay varios factores que influyen en la velocidad: la coordinación neuromuscular, la estructura ósea, el peso, la técnica de carrera, la elasticidad muscular... Existen también factores externos como la temperatura.

Aquí tienes una serie de ejercicios que puedes utilizar para ejercitar la velocidad, la rapidez y la potencia muscular.

ACTIVIDAD I
EJERCICIOS INDIVIDUALES

Ejercicios para las rodillas
- realizar trayectos corriendo, elevando las rodillas a la altura que se pueda.
- realizar trayectos corriendo, pero con las rodillas bajas.
- alternar trayectos con rodillas altas y bajas.
- realizar recorridos impulsando las rodillas hacia atrás.

Velocidad

Corre en zig-zag salvando ocho o diez banderas u obstáculos a mucha velocidad. No olvides que en este ejercicio en eslalon es muy importante apoyar con fuerza el pie de la parte exterior a la hora de realizar los cambios de dirección, pero sin cruzar las piernas. Repite el ejercicio varias veces con una pausa para descansar.

Ejercicios de carrera en pendiente

- correr de 10 a 20 m en una pendiente del 10%.
- realizar 2 series de 4 repeticiones.
- el descanso entre las repeticiones se realiza caminando hasta la salida.

Potencia

Elige un referente como la línea frontal del área y pasa de un lado a otro de toda su longitud a la pata coja. Repítelo sobre la otra pierna, posteriormente realízalo con las dos piernas a la vez. No dejes de hacer algún movimineto de soltura de piernas después de cada vuelta.

Ejercicios de carrera con pendiente hacia abajo. Favorece la frenada y evita problemas musculares

- correr de 12 a 15 m en una pendiente leve.

Ejercicios de aceleración

- después de correr 3 m hacia atrás, se aceleran 5 m al máximo hacia adelante, siempre plegando el tronco.

Agilidad

Partiendo de una carrera suave, haz saltos en vertical abriendo las piernas en el salto tratando de tocar las puntas de los pies con las manos. Hay que lograr una buena coordinación del movimiento para no perder el ritmo de la carrera ni el equilibrio, procurando volver al trote con una suave caída.

Ejercicios de aceleración y desaceleración

- sobre un total aproximado de 200 m, realizar un trayecto a máxima velocidad (10 - 15 m) y combinar con trayectos lentos (20 - 30 m).

ACTIVIDAD 2
EJERCICIOS EN GRUPO

1. El objetivo de este ejercicio es practicar las situaciones de "1 contra 1" y el "disparo a puerta bajo presión".

Jugadores:
8 jugadores
1 portero

Material necesario:
balones
2 indumentarias diferentes
1 portería

Descripción:
- los atacantes empiezan desde el centro del campo con un balón.
- salen los defensores y se sitúan a un lado a unos 10 metros.
- el atacante inicia el juego tocando el balón. Intentará llegar al borde del área y chutar.
- el defensor intentará recuperarlo y si lo consigue atacar a puerta.
- el ejercicio acaba cuando uno de los jugadores chuta a puerta.

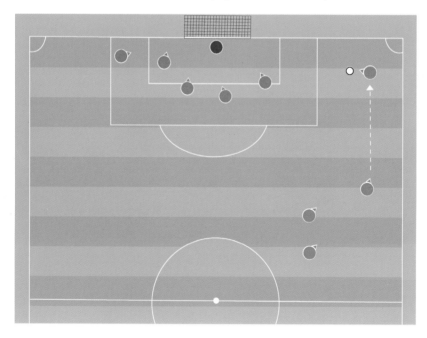

2. En el siguiente ejercicio se practica la conservación del balón.
Los porteros practican el apartado defensivo y el ofensivo con la iniciación de la jugada.

Jugadores:
10 jugadores
2 porteros

Material necesario:
varios balones
2 indumentarias diferentes
2 porterías

Descripción:
- se forman dos equipos de 5 jugadores y dos porteros defienden las porterías
- el equipo que posee el balón intentará conservarlo y llevarlo de un portero a otro
- cuando la pelota llega a un portero, este la devuelve a un jugador del mismo equipo
- el equipo defensor debe intentar recuperarlo. Cuando cambia el balón, los equipos cambian sus objetivos.

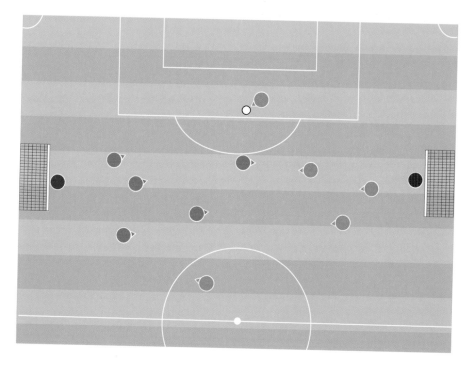

GLOSARIO

Área:
rectángulo de 40,32 por 16,50 metros trazado a partir del centro sobre cada una de las dos líneas de fondo de un campo de fútbol.

Bandas:
partes del campo que se encuentran en el exterior de las líneas blancas que delimitan los laterales del terreno de juego, llamadas líneas de banda.

Banquillo:
espacio que ocupan los jugadores suplentes, el entrenador y otros técnicos a lo largo del partido.

Barrera:
táctica de defensa en la que los defensores forman un muro ante la portería amenazada.

Córner:
también llamado saque de esquina.

Crack:
expresión de origen anglosajón muy utilizada en Sudamérica que sirve para designar a un jugador excepcional.

Derbi:
partido entre dos equipos de una misma región o ciudad. Suelen provocar gran expectación en los medios de comunicación. En Sudamérica se les llama "clásicos".

Friqui:
viene del inglés, "free kick" que significa tiro libre. Se usa para denominar a los lanzamientos directos de falta sobre la portería.